GIOCHI, SFIDE ED ENIGMI MENTALI SULLO SPORT

GRAZIE PER AVER ACQUISTATO QUESTO LIBRO!

PER RINGRAZIARTI TI OFFRIAMO GRATUITAMENTE <u>3 BONUS</u>:

65 FATTI EXTRA PER SCOPRIRE IL MONDO ;

20 VIDEO INCREDIBILI PER APPROFONDIRE :

50+ IMMAGINI A TEMA DA COLORARE

<u>QUESTO OMAGGIO È DEDICATO SOLAMENTE AI LETTORI DI QUESTO LIBRO.</u>

SCANSIONA IL QR CODE CHE TROVI NELLA PAGINA ACCANTO PER ACCEDERE AL TUO BONUS E PER RICEVERE ANTEPRIME ESCLUSIVE DELLE NOSTRE NUOVE PUBBLICAZIONI.

SCAN ME

PRENDITI UN MINUTO PER EFFETTUARE LA REGISTRAZIONE COSÌ POSSIAMO SUBITO AVVENTURARCI NEL MONDO DEI DINOSAURI.

BUON DIVERTIMENTO!

TROVA GLI OGGETTI

CALCIO

PALLONE ○	PORTA ○
SCARPE ○	GUANTONI ○
BANDIERINA ○	FISCHIETTO ○

PAROLE A TEMA

PER OGNI TERMINE GENERICO TROVA UNA SERIE DI PAROLE CORRELATE CHE INIZIANO CON CIASCUNA DELLE SUE LETTERE. SEGUI L'ESEMPIO

ESEMPIO

S Skilift - Slalom

C Casco - Combinata - Cadere

I Impronta - Innevate

P ______

A ______

L ______

L ______

O ______

N ______

E ______

1) DIVIDI PER CATEGORIE

PAPI	NADAL	NEYMAR
CHIESA	ZANIOLO	RUIZ
FEDERER	GARDINI	AGASSI
ZAYTSEV	WILLIAMS	MESSI

CALCIO	TENNIS	PALLAVOLO

FRECCETTE

LANCIANDO 4 FRECCETTE RAGGIUNGI IL TOTALE INDICATO.
TIENI CONTO CHE PUOI COLPIRE PIÙ VOLTE LO STESSO VALORE.

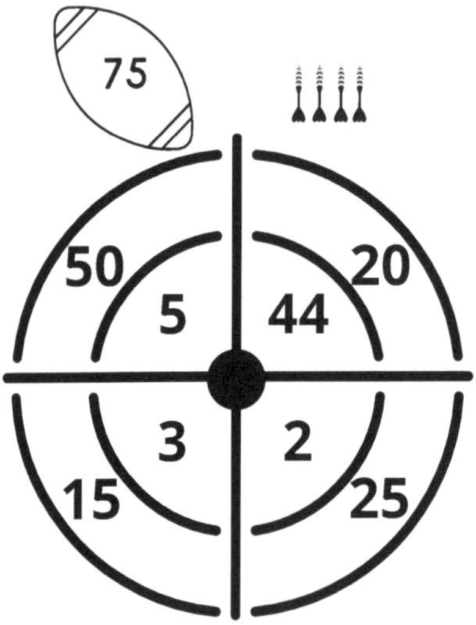

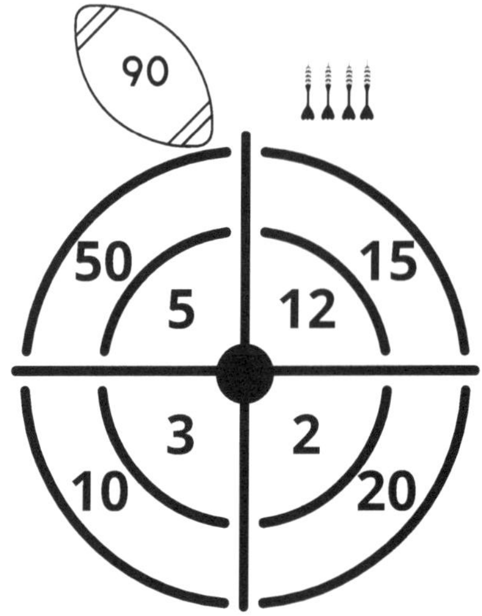

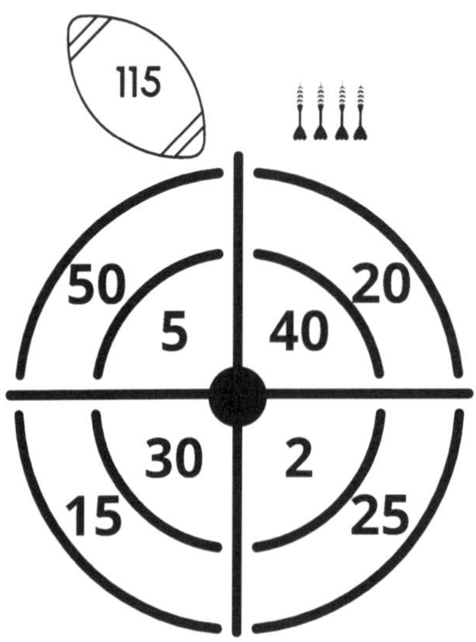

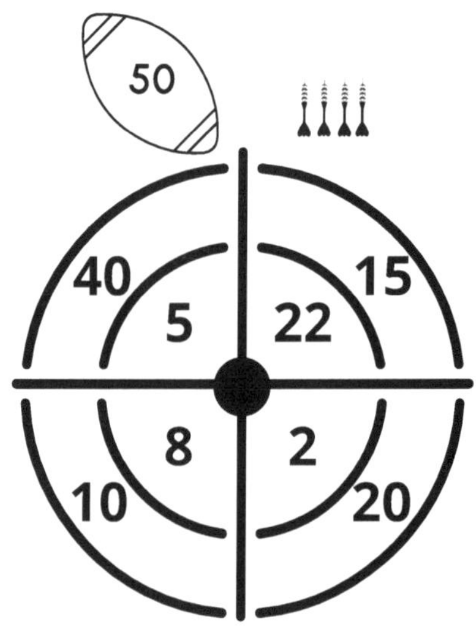

DECIFRA LA PAROLA

DECODIFICA IL CODICE MORSE E SCRIVI LA PAROLA CORRISPONDENTE

1)

.-   --   -_: :-:   :-_

SOLUZIONE: ____________________

2)

__-   -..-   ¡¡   :-_   __-   :-

SOLUZIONE: ____________________

3)

.-   --   .__.   :-   --_   ---   __-   :-_

SOLUZIONE: ____________________

4)

:-:   ..¦..   .__.   ---   :-_

SOLUZIONE: ____________________

5)

-_: :-   ---   --

SOLUZIONE: ____________________

A	--
B	-.
C	.-
D	..
E	:-
F	-:
G	¡¡
H	.-.
I	-..-
L	-.-
M	-_:
N	.__.
O	:-_
P	:-:
Q	.-_.
R	__-
S	--_
T	---
U	..¦..
V	_-_
Z	_.-

1) TROVA L'INTRUSO

CHI NON È UN/A TENNISTA?

ROGER FEDERER - ROBERTO BAGGIO -
NOVAK DJOKOVIC - RAFAEL NADAL - JOHN MCENROE

ANDRE AGASSI - PETE SAMPRAS -
SERENA WILLIAMS - IVAN LENDL - GIANNI RIVERA

FABIO FOGNINI -MARTINA HINGIS - RUUD GULLIT -
ANDY MURRAY - DANIEL NESTOR

MARCO VAN BASTEN - MATTEO BERRETTINI -
MARIJA SARAPOVA - ADRIANO PANATTA

VENUS WILLIAMS - BOB BRYAN -
PAM SHRIVER - FRANCO BARESI

1) CERCA LE PAROLE

W	T	A	M	V	V	F	Y	A	S	D	D	V	H	M
G	T	X	F	S	F	U	D	T	X	Y	I	S	V	C
W	C	C	P	G	Z	Y	A	H	Z	C	F	K	D	C
X	F	B	N	M	N	T	D	R	B	M	E	Y	M	E
A	E	P	D	I	O	O	V	S	J	O	N	W	C	M
L	V	A	D	T	O	T	Z	T	N	M	S	B	E	C
L	Z	L	R	T	E	M	A	I	U	R	O	E	B	N
E	E	L	G	B	G	F	L	N	A	U	R	Y	C	I
N	S	O	T	H	D	L	A	R	O	O	E	Q	E	S
A	H	N	D	K	E	C	B	W	T	I	L	B	S	H
T	T	E	U	T	W	I	A	A	L	A	P	S	I	A
O	X	R	R	T	T	T	C	L	O	Y	K	M	T	I
R	A	A	B	R	O	O	T	G	C	S	B	U	A	G
E	C	H	O	M	I	S	W	Q	V	I	C	F	W	C
R	M	L	R	G	M	R	A	V	N	L	O	X	V	S

DIFENSORE
CALCIO
GOAL
CAMPIONATO
CARTELLINO

ALLENATORE
PALLONE
GIOCATORE
ARBITRO

1) CRUCIVERBA

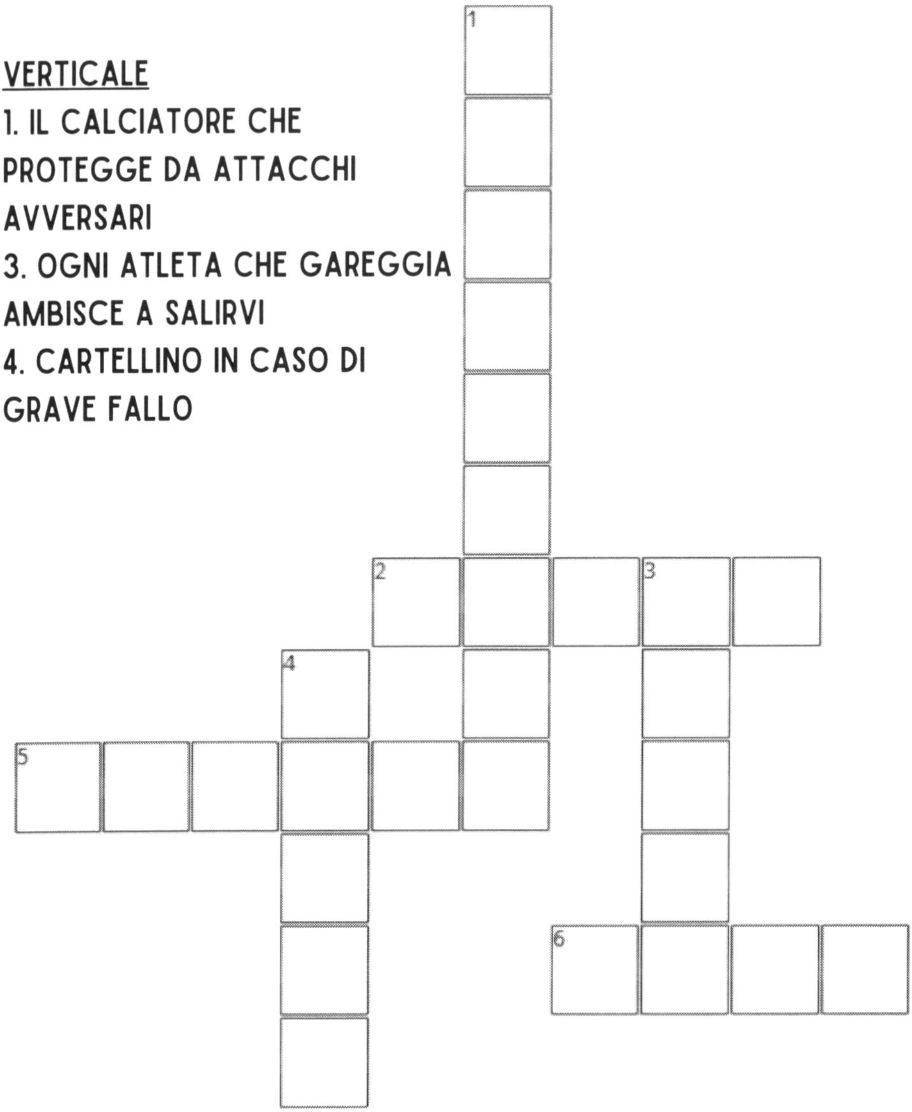

VERTICALE

1. IL CALCIATORE CHE PROTEGGE DA ATTACCHI AVVERSARI
3. OGNI ATLETA CHE GAREGGIA AMBISCE A SALIRVI
4. CARTELLINO IN CASO DI GRAVE FALLO

ORIZZONTALE

2. LA “DAVIS” È QUELLA PIÙ AMBITA DAI TENNISTI
5. UN CALCIO CHE SPESSO SI TRASFORMA IL GOAL
6. FA GIOIRE I TIFOSI

1) DISEGNO

QUIZ

1) Qual è il giocatore di calcio più premiato di tutti i tempi?

- Lionel Messi ◯
- Pelè ◯
- Cristiano Ronaldo ◯
- Neymar ◯

2) Quale squadra di calcio ha vinto più Coppe del Mondo FIFA?

- Brasile ◯
- Germania ◯
- Italia ◯
- Francia ◯

3) Qual è il numero massimo di giocatori per squadra che devono essere presenti in un campo da calcio?

- 12 ◯
- 10 ◯
- 11 ◯
- 13 ◯

4) Quale allenatore ha vinto più titoli di UEFA Champions League?

- Alex Ferguson ◯
- Zinedine Zidane ◯
- José Mourinho ◯
- Carlo Ancelotti ◯

5) Quale squadra ha vinto più titoli di Serie A in Italia?

- Juventus ◯
- Inter ◯
- Milan ◯
- Roma ◯

6) In quale anno si è svolta la prima Coppa del Mondo FIFA?

- 1930 ◯
- 1970 ◯
- 1950 ◯
- 1973 ◯

CURIOSITÀ

DIEGO ARMANDO MARADONA

Diego Armando Maradona, nato il 30 ottobre 1960 a Lanús, in Argentina, è stato uno dei calciatori più iconici e talentuosi della storia del calcio.
È considerato uno dei migliori giocatori di tutti i tempi.
Durante la Coppa del Mondo del 1986, Maradona ha guidato la nazionale argentina alla vittoria, segnando alcuni dei gol più memorabili della storia del calcio. Il suo gol con la mano, noto come "La mano de Dios" (La mano di Dio), è diventato uno dei momenti più discussi nella storia del calcio.

Maradona era noto per la sua straordinaria abilità di dribbling, la sua visione di gioco e il suo controllo del pallone. Era in grado di superare gli avversari con facilità e forniva assist e gol spettacolari.
Ha giocato per club di alto livello come il Barcelona e il Napoli, conquistando trofei e lasciando un'impronta indelebile in entrambe le squadre.

1) COLLEGA LA PAROLA

COLLEGA LO SPORTIVO ALLO SPORT

PAOLO MALDINI	
MAGIC JOHNSON	
	CALCIO
ANDREA PIRLO	
	TENNIS
SERENA WILLIAMS	
ANDREA LUCCHETTA	BASKET
LARRY BIRD	
	PALLAVOLO
GREGORIO PALTRINIERI	
	NUOTO
MATEUSZ MIKA	
JANNIK SINNER	

TROVA GLI OGGETTI

TENNIS

RACCHETTA	○	COPPA	○
PALLINA	○	RETE	○
BERRETTO	○	BATTUTA	○

PAROLE A TEMA

PER OGNI TERMINE GENERICO TROVA UNA SERIE DI PAROLE CORRELATE CHE INIZIANO CON CIASCUNA DELLE SUE LETTERE.

C ______________________________

A ______________________________

S ______________________________

C ______________________________

O ______________________________

T ______________________________

E ______________________________

N ______________________________

N ______________________________

I ______________________________

S ______________________________

2) DIVIDI PER CATEGORIE

COSENZA	FROSINONE	INTER
MILAN	PARMA	CAGLIARI
FOGGIA	NAPOLI	ROMA
VICENZA	PADOVA	TORRES

SERIE A	SERIE B	SERIE C

FRECCETTE

LANCIANDO 4 FRECCETTE RAGGIUNGI IL TOTALE INDICATO.
TIENI CONTO CHE PUOI COLPIRE PIÙ VOLTE LO STESSO VALORE.

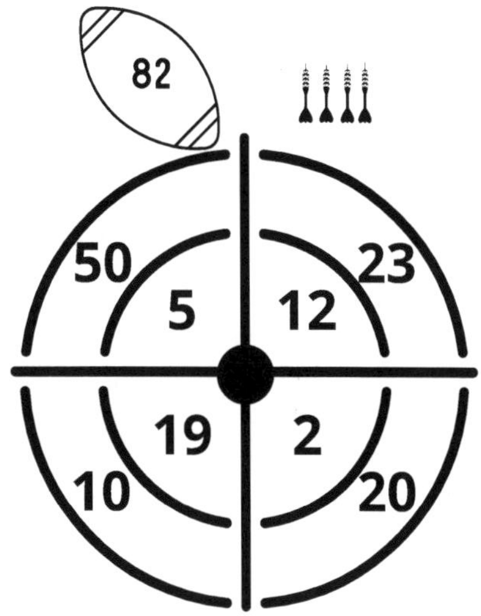

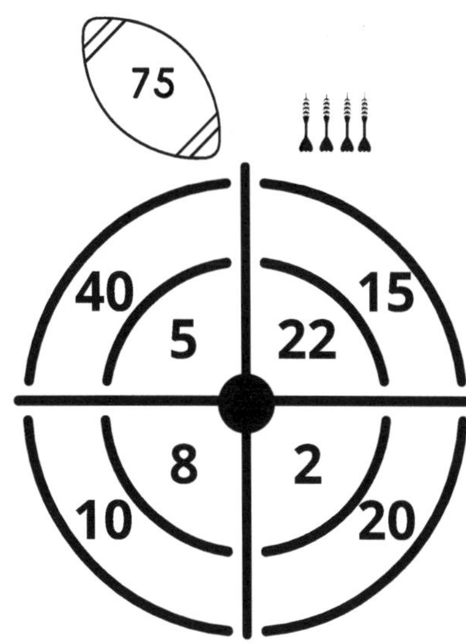

DECIFRA LA PAROLA

DECODIFICA IL CODICE MORSE E SCRIVI LA PAROLA CORRISPONDENTE

6)

-. -- --_ :-

SOLUZIONE: ____________________

7)

.- -..- .- -.- :-_

SOLUZIONE: ____________________

8)

:-: -- -.- -.- --

SOLUZIONE: ____________________

9)

:. -..- :-_ .- :-_

SOLUZIONE: ____________________

10)

-.- -- .__. .- -..- :-_

SOLUZIONE: ____________________

A	--
B	-.
C	.-
D	..
E	:-
F	-:
G	:.
H	.-.
I	-..-
L	-.-
M	-_:
N	.__.
O	:-_
P	:-:
Q	.-_.
R	__-
S	--_
T	---
U	:.;:.
V	_-_
Z	_.-

2) TROVA L'INTRUSO

CHI NON È FRANCESE?

OLIVIER GIROUD - LIONEL MESSI -
KYLIAN MBAPPÉ - ANTOINE GRIEZMANN

HUGO LLORIS - MIKE MAIGNAN - PELÈ -
EDUARDO CAMAVINGA - AURÉLIEN TCHOUAMÉNI

JAN OBLAK - CAMILLE LACOURT -
FLORENT MANAUDOU - YANNICK AGNEL

GRÉGOIRE BARRÈRE - BENJAMIN BONZI -
JIMMY CONNORS - RICHARD GASQUET

AUDE AGUILANIU - NILS ALLÈGRE -
KARINE ALLARD - BEN SHELTON

QUIZ

7) Quale squadra di calcio ha vinto più titoli di Premier League in Inghilterra?

Manchester United ◯ Liverpool ◯

Manchester City ◯ Chelsea ◯

8) Quale giocatore ha vinto il maggior numero di Palloni d'Oro?

Lionel Messi ◯ Johan Cruyff ◯

Cristiano Ronaldo ◯ Neymar ◯

9) Quale giocatore ha segnato il maggior numero di gol nella storia della Nazionale brasiliana?

Romário ◯ Zico ◯

Pelé ◯ Neymar ◯

10) Quale squadra ha vinto la UEFA Euro 2020?

Germania ◯ Francia ◯

Italia ◯ Inghilterra ◯

11) Quale squadra ha vinto più titoli di Bundesliga in Germania?

Bayern Monaco ◯ Amburgo ◯

Borussia Dortmund ◯ Lipsia ◯

12) Quale squadra ha vinto più titoli di Coppa del Mondo per club FIFA?

Real Madrid ◯ Milan ◯

Barcelona ◯ Inter ◯

CURIOSITÀ

MICHAEL JORDAN

Michael Jordan, nato il 17 febbraio 1963 a Brooklyn, New York, è considerato uno dei più grandi giocatori di pallacanestro di tutti i tempi.

La sua carriera nel basket è stata caratterizzata da un'incredibile abilità atletica, uno stile di gioco spettacolare e una leadership carismatica.

Durante la sua carriera con i Chicago Bulls, Jordan ha vinto sei titoli NBA e ha condotto la squadra a una delle dinastie più dominate nella storia dello sport. È stato vincitore di cinque premi MVP della NBA e ha segnato oltre 32.000 punti nella sua carriera.

Oltre ai suoi successi in campo, Jordan è diventato un'icona della cultura popolare. La sua immagine è stata associata al marchio sportivo Air Jordan, che è diventato uno dei brand più famosi nel mondo degli articoli sportivi.

2) COLLEGA LA PAROLA

COLLEGA IL RUOLO ALLO SPORT

PLAYMAKER	
PORTIERE	
PRIMA BASE	CALCIO
GUARDIA	
BATTITORE	BASKET
DIFENSORE	
ALA PICCOLA	BASEBALL
CENTROCAMPISTA	
TERZA BASE	

TROVA GLI OGGETTI

SULLA NEVE

SCI ○	SCARPONI ○
SNOWBOARD ○	RACCHETTE ○
OCCHIALI ○	CASCO ○

PAROLE A TEMA

PER OGNI TERMINE GENERICO TROVA UNA SERIE DI PAROLE CORRELATE CHE INIZIANO CON CIASCUNA DELLE SUE LETTERE.

F ____________________

I ____________________

S ____________________

C ____________________

H ____________________

I ____________________

O ____________________

R ____________________

I ____________________

G ____________________

O ____________________

R ____________________

E ____________________

3) DIVIDI PER CATEGORIE

JAMES	JORDAN	GUILLEM
BOLLE	RUTH	BIRD
COBB	FRACCI	ABBAGNATO
AARON	MUSIAL	BRYANT

DANZA	BASKET	BASEBALL

FRECCETTE

LANCIANDO 4 FRECCETTE RAGGIUNGI IL TOTALE INDICATO.
TIENI CONTO CHE PUOI COLPIRE PIÙ VOLTE LO STESSO VALORE.

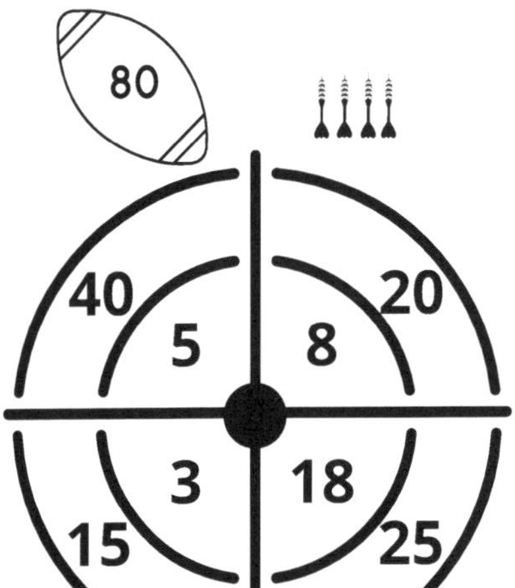

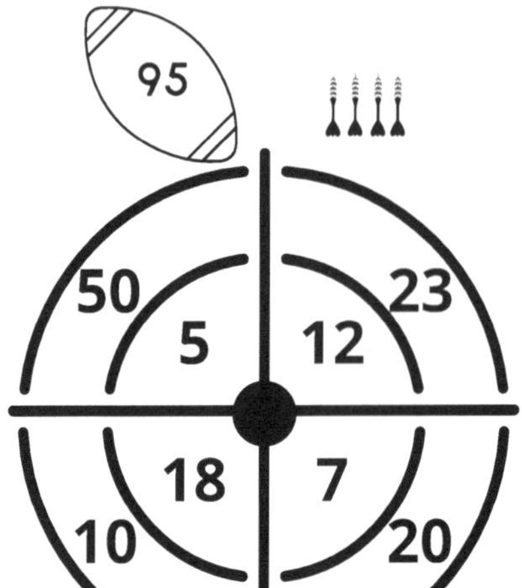

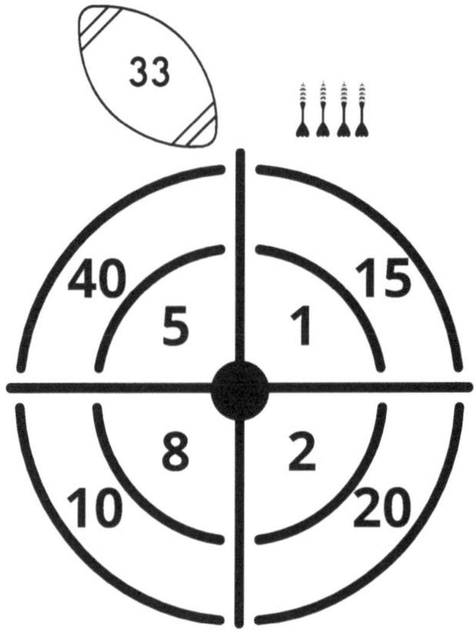

DECIFRA LA PAROLA

DECODIFICA IL CODICE MORSE E SCRIVI LA PAROLA CORRISPONDENTE

11)

; :-_ -- -.-

SOLUZIONE: ____________________

12)

-- --_ --_ -..- --_ ---

SOLUZIONE: ____________________

13)

.- :.,:. __- _-_ --

SOLUZIONE: ____________________

14)

--- :- -_: :-: :-_

SOLUZIONE: ____________________

15)

-: -- -.- -.- :-_

SOLUZIONE: ____________________

A	--
B	-.
C	.-
D	..
E	:-
F	-:
G	;
H	.-.
I	-..-
L	-.-
M	-_:
N	.__.
O	:-_
P	:-:
Q	.-_.
R	__-
S	--_
T	---
U	:.,:.
V	_-_
Z	_.-

3) TROVA L'INTRUSO

CHI NON È UN NUOTATORE?

MICHAEL PHELPS - IAN THORPE -
KATIE LEDECKY - LORENZO BERNARDI

MATEUSZ MIKA - RYAN LOCHTE - MARK SPITZ -
JENNY THOMPSON - FEDERICA PELLEGRINI

GREGORIO PALTRINIERI - RICARDO LUCARELLI -
NATALIE COUGHLIN - MATT BIONDI

KATINKA HOSSZÚ - ALEKSANDR POPOV -
CAELEB DRESSEL - ANDREA GARDINI - CHAD LE CLOS

MISSY FRANKLIN - SUN YANG -
ADAM PEATY - SAMUELE PAPI

2) CERCA LE PAROLE

Y	D	R	K	U	W	M	M	G	Y	U	I	R	I	J
H	C	A	D	T	H	S	A	M	S	Q	A	T	A	V
E	X	E	B	P	R	B	Q	T	U	D	O	T	N	E
X	T	A	N	B	H	X	R	F	H	B	I	B	R	T
A	J	T	Y	T	O	U	J	Y	A	G	Z	C	X	E
U	G	I	R	P	R	N	E	J	V	G	I	R	B	R
M	E	T	K	O	M	O	A	B	E	J	V	O	G	E
D	A	R	V	N	W	D	C	M	R	X	R	G	H	H
X	D	A	F	S	P	C	O	A	E	T	E	O	J	F
N	D	P	Y	Q	A	Q	O	Y	M	N	S	A	X	F
V	J	K	D	R	N	W	Y	P	E	P	T	Q	S	I
O	W	T	L	E	G	N	N	J	P	H	I	O	M	U
L	G	Z	L	T	I	F	O	S	O	A	V	S	Z	N
D	K	Y	K	T	C	C	Z	K	V	M	V	V	T	Q
Q	F	K	A	J	E	R	E	I	T	R	O	P	X	A

TIFOSO
ABBONAMENTO
PARTITA
COPPA

PORTIERE
CENTROCAMPISTA
SMASH
SERVIZIO
RETE

2) CRUCIVERBA

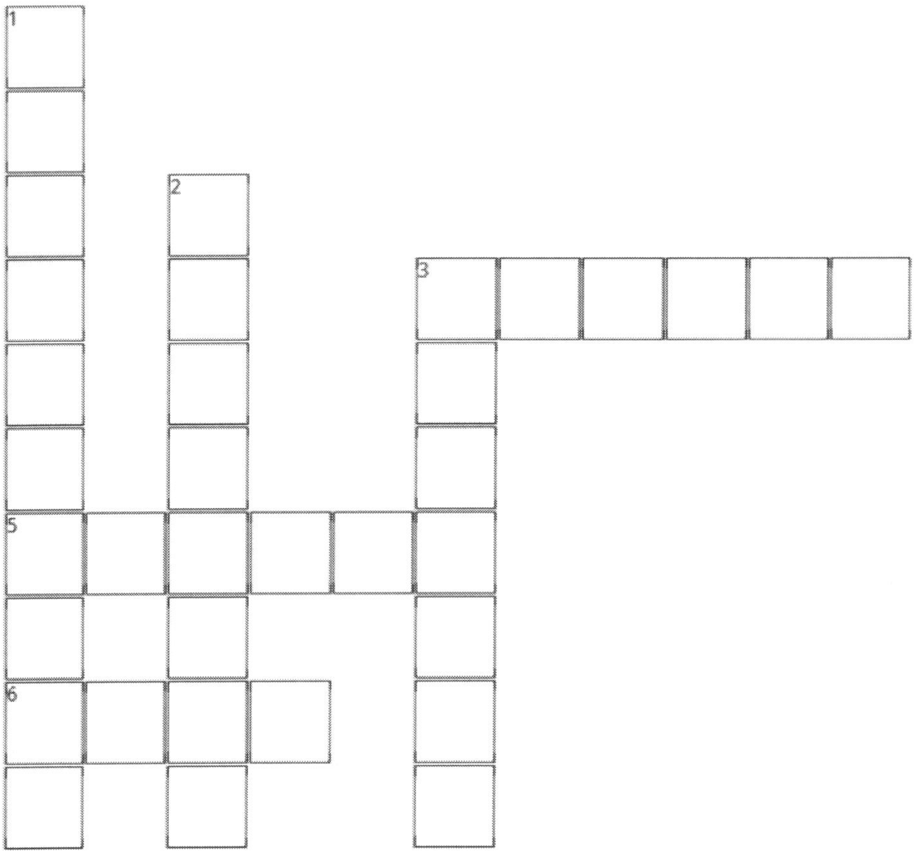

ORIZZONTALE

3. COMPETIZIONE SPORTIVA
5. PASSAGGIO CHE MANDA IN GOAL
6. QUELLO A SEGNO È UNA SPECIALITÀ OLIMPICA

VERTICALE

1. CALCIATORE CON IL NUMERO NOVE
2. LA "RETE" DEI CESTISTI
3. UTILIZZATA PER RAGGIUNGERE DETERMINATI OBIETTIVI

2) DISEGNO

QUIZ

13) Quanti giocatori sono presenti in campo in una squadra di pallavolo?

4 ○ 8 ○
6 ○ 10 ○

14) Qual è la misura regolamentare dell'altezza della rete nella pallavolo maschile?

2,35 metri ○ 2,55 metri ○
2,43 metri ○ 2,70 metri ○

15) Qual è la disciplina sciistica che combina discesa libera, slalom gigante e slalom speciale?

Slalom ○ Slalom parallelo ○
Super-G ○ Combinata alpina ○

16) Quale competizione nuotata in acque libere è considerata la più prestigiosa?

Coppa del Mondo FINA ○ Campionati Mondiali di Nuoto ○
Campionati Europei di Nuoto ○ Maratona del Golfo di Napoli ○

17) Quanti stili di nuoto vengono generalmente riconosciuti?

2 ○ 4 ○
3 ○ 5 ○

18) Quale nazione ha vinto più volte il Campionato del Mondo di pallavolo maschile?

Brasile ○ Stati Uniti ○
Italia ○ Russia ○

CURIOSITÀ

FEDERICA PELLEGRINI

È considerata una delle migliori nuotatrici al mondo nella specialità dello stile libero.

Ha iniziato a gareggiare a livello internazionale da adolescente, partecipando alle Olimpiadi di Atene nel 2004 a soli 16 anni. Da allora ha accumulato un gran numero di medaglie e record in diverse competizioni.

Uno dei momenti più significativi nella carriera di Federica è arrivato alle Olimpiadi di Pechino nel 2008, dove ha vinto la medaglia d'oro nei 200 metri stile libero, stabilendo anche un nuovo record mondiale. È stata la prima nuotatrice italiana ad ottenere una medaglia d'oro olimpica nel nuoto.

Federica ha continuato a raccogliere successi negli anni successivi, vincendo numerosi titoli europei, mondiali e nazionali. È conosciuta per la sua potenza, la sua tecnica raffinata e la sua resistenza in acqua. È particolarmente forte nelle distanze medie, come i 200 e 400 metri stile libero.

3) COLLEGA LA PAROLA

COLLEGA IL TERMINE ALLO SPORT

CESTISTA	
BASE	
CARAMBOLA	CALCIO
TIRO LIBERO	
GOAL	BASKET
BATTUTA	
CANESTRO	BASEBALL
CORRIDORE	
BOMBER	

TROVA GLI OGGETTI

BASKET

PALLA ○	PANTALONCINO ○
CANESTRO ○	CANOTTA ○
SCARPE ○	MASCOTTE ○

PAROLE A TEMA

PER OGNI TERMINE GENERICO TROVA UNA SERIE DI PAROLE CORRELATE CHE INIZIANO CON CIASCUNA DELLE SUE LETTERE.

R ______________________

U ______________________

G ______________________

B ______________________

Y ______________________

D ______________________

E ______________________

L ______________________

F ______________________

I ______________________

N ______________________

O ______________________

4) DIVIDI PER CATEGORIE

NEW YORK YANKEES	BUFFALO BILLS	MIAMI HEAT
PHILADELPHIA EAGLES	BOSTON RED SOX	CHICAGO WHITE SOX
CHICAGO BEARS	LOS ANGELES DODGERS	DETROIT LIONS
CHICAGO BULLS	TORONTO RAPTORS	DETROIT PISTONS

BASEBALL	FOOTBALL	BASKET

FRECCETTE

LANCIANDO 4 FRECCETTE RAGGIUNGI IL TOTALE INDICATO.
TIENI CONTO CHE PUOI COLPIRE PIÙ VOLTE LO STESSO VALORE.

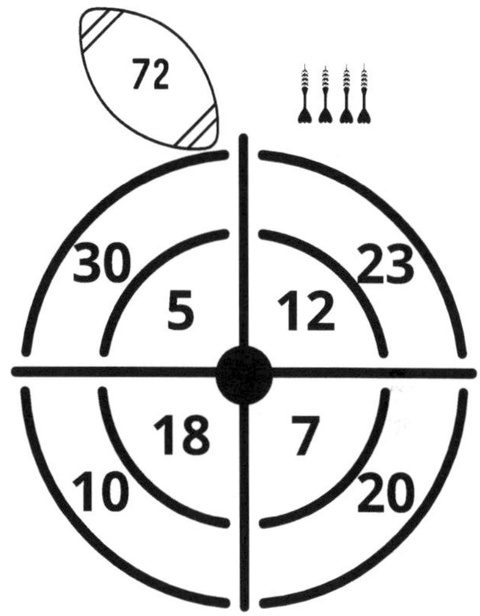

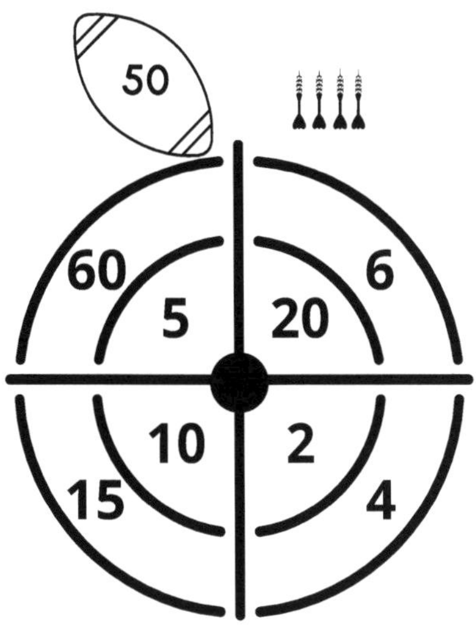

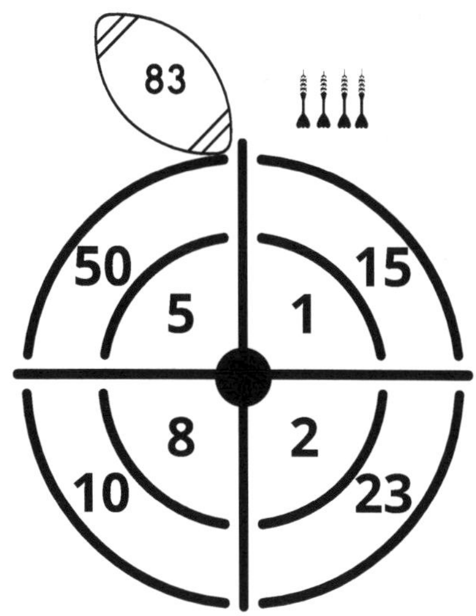

DECIFRA LA PAROLA

DECODIFICA IL CODICE MORSE
E SCRIVI LA PAROLA CORRISPONDENTE

16)

-: -..- .__. --- --

SOLUZIONE: ____________________

17)

-_: -..- --_ --- :- __-

SOLUZIONE: ____________________

18)

:-: :.;:. .__. --- --

SOLUZIONE: ____________________

19)

-- .- :-

SOLUZIONE: ____________________

20)

-_: :.;:. __- :-_

SOLUZIONE: ____________________

A	--
B	-.
C	.-
D	..
E	:-
F	-:
G	:.
H	.-.
I	-..-
L	-.-
M	-_:
N	.__.
O	:-_
P	:-:
Q	.-_.
R	__-
S	--_
T	---
U	:.;:.
V	_-_
Z	_.-

4) TROVA L'INTRUSO

CHI NON È UN CALCIATORE?

ADRIANO PANATTA - LIONEL MESSI -
CRISTIANO RONALDO - DIEGO ARMANDO MARADONA

NEYMAR - KYLIAN MBAPPÉ - PELÈ -
FRANCO BARESI - FABIO FOGNINI

RONALDINHO - LASSE KJUS -
ROBERT LEWANDOWSKI - MICHEL PLATINI

ERLING HAALAND - KEVIN DE BRUYNE -
BODE MILLER - KARIM BENZEMA - JAN OBLAK

GIANLUIGI DONNARUMMA - LORENZO INSIGNE -
FEDERICO CHIESA - ROGER FEDERER

3) CERCA LE PAROLE

N	V	J	E	A	T	T	E	H	C	C	A	R	H	Z
X	J	F	V	Q	P	L	W	M	N	Z	W	W	R	O
P	J	Z	U	Q	O	Y	N	Y	J	W	J	O	I	E
P	N	S	Y	Z	N	T	G	T	H	M	E	C	O	E
U	E	P	R	K	R	N	W	P	A	Y	S	S	X	Y
N	D	R	A	O	B	W	O	N	S	E	G	A	T	T
T	O	I	O	U	W	Q	H	Q	V	U	X	H	S	B
E	T	N	E	T	K	V	L	O	A	Q	P	C	Y	C
G	T	A	E	Q	A	K	R	N	F	L	O	P	H	A
G	E	B	E	Z	A	C	T	M	M	N	D	Q	J	N
I	D	T	D	P	C	O	O	X	F	L	I	B	J	E
O	U	O	J	G	N	L	T	I	X	G	G	J	N	S
C	C	I	B	I	D	G	T	B	G	N	J	T	F	T
C	S	L	V	Q	U	T	S	Q	I	R	G	T	Q	R
K	L	F	B	W	A	P	I	S	C	I	N	A	X	O

PUNTEGGIO
GIOCATORE
RACCHETTA
GUANTONI
CANESTRO
PISCINA
SNOWBOARD
ROVESCIO
SCONFITTA
SCUDETTO

3) DISEGNO

3) CRUCIVERBA

<u>ORIZZONTALE</u>

1. È RIGORE IN AREA
4. LA ZONA IN CUI I RUGBISTI SCHIACCIANO IL PALLONE
6. UNO SPORT DA PEDANA

<u>VERTICALE</u>

2. UNA BEFFA PER IL PORTIERE
3. È PICCOLA QUELLA DA TENNIS
5. UN PREMIO IN PALIO

QUIZ

19) Come si chiama l'azione di toccare il pallone con un solo dito nella pallavolo?

Palleggio ○ Muro ○
Schiacciata ○ Dito ○

20) Qual è il punteggio massimo per vincere un set nella pallavolo?

20 ○ 25 ○
21 ○ 30 ○

21) Quale sciatore è considerato uno dei più grandi di tutti i tempi, avendo vinto 86 gare di Coppa del Mondo?

Alberto Tomba ○ Hermann Maie ○
Ingemar Stenmark ○ Marcel Hirscher ○

22) In quale stile di nuoto gli atleti nuotano a dorso?

Stile libero ○ Stile rana ○
Stile farfalla ○ Stile dorso ○

23) Qual è il record mondiale dei 100 metri stile libero maschili?

46.86 secondi ○ 47.94 secondi ○
47.60 secondi ○ 48.12 secondi ○

24) Quale è l'attrezzatura principale utilizzata nello sci alpino?

Sci ○ Palla ○
Racchetta ○ Snowboard ○

CURIOSITÀ

PELÉ

Pelé, il cui vero nome è Edson Arantes do Nascimento, è una leggenda del calcio brasiliano e mondiale.
Fin da giovane, Pelé ha mostrato un talento eccezionale per il calcio. All'età di 15 anni, è diventato il più giovane giocatore a esordire in una partita della squadra nazionale brasiliana. Ha iniziato la sua carriera professionale con il Santos FC in Brasile, dove ha trascorso gran parte della sua carriera.

Pelé è noto per la sua incredibile abilità tecnica e il suo stile di gioco fluido. Era un attaccante completo, in grado di segnare gol spettacolari con entrambi i piedi e un controllo di palla impeccabile.
Tra squadre di club e nazionale maggiore, Pelé ha giocato globalmente 816 incontri ufficiali segnando 757 reti, alla media di 0,93 gol a partita
Oltre alle sue abilità sul campo, Pelé è anche noto per la sua personalità carismatica e il suo impegno per il bene sociale.

4) COLLEGA LA PAROLA

COLLEGA LO SPORTIVO ALLO SPORT

CRISTIANO RONALDO	
ADRIANO PANATTA	
	CALCIO
FACUNDO CONTE	
	TENNIS
MICHAEL JORDAN	
FILIPPO INZAGHI	BASKET
MATTEO BERRETTINI	
	PALLAVOLO
ANDREA GIANI	
	NUOTO
LEBRON JAMES	
FEDERICA PELLEGRINI	

TROVA GLI OGGETTI

NUOTO

- PINNE ○
- PISCINA ○
- COSTUME ○
- TRAMPOLINO ○
- OCCHIALINI ○
- STILE LIBERO ○

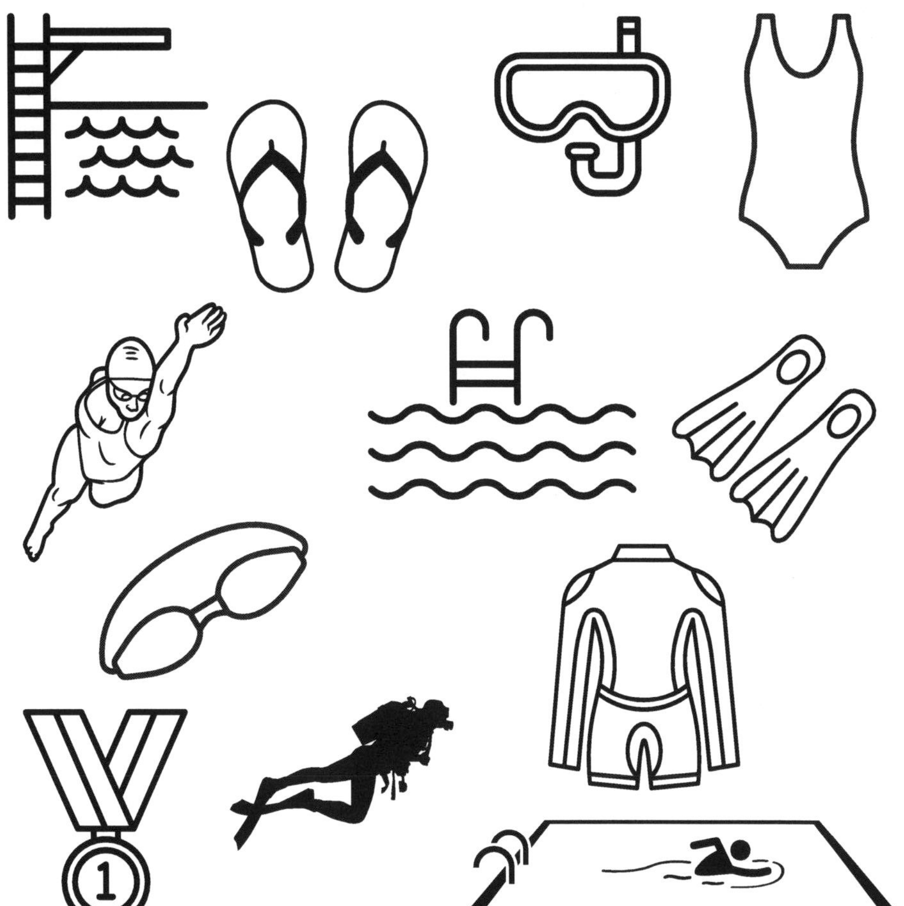

PAROLE A TEMA

PER OGNI TERMINE GENERICO TROVA UNA SERIE DI PAROLE CORRELATE CHE INIZIANO CON CIASCUNA DELLE SUE LETTERE.

P ______

E ______

S ______

I ______

P ______

U ______

N ______

T ______

E ______

G ______

G ______

I ______

O ______

5) DIVIDI PER CATEGORIE

PELLEGRINI	WOODS	NIERLICH
NICKLAUS	OTTO	PALMER
COLÒ	KOSTNER	DOTTO
MILLER	SPITZ	MICKELSON

DANZA	BASKET	BASEBALL

FRECCETTE

LANCIANDO 4 FRECCETTE RAGGIUNGI IL TOTALE INDICATO.
TIENI CONTO CHE PUOI COLPIRE PIÙ VOLTE LO STESSO VALORE.

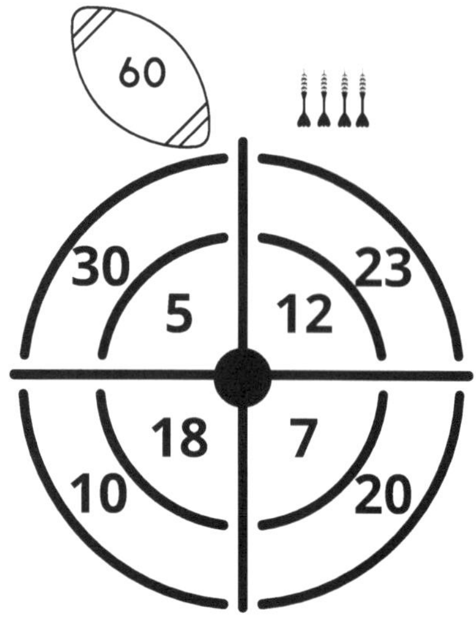

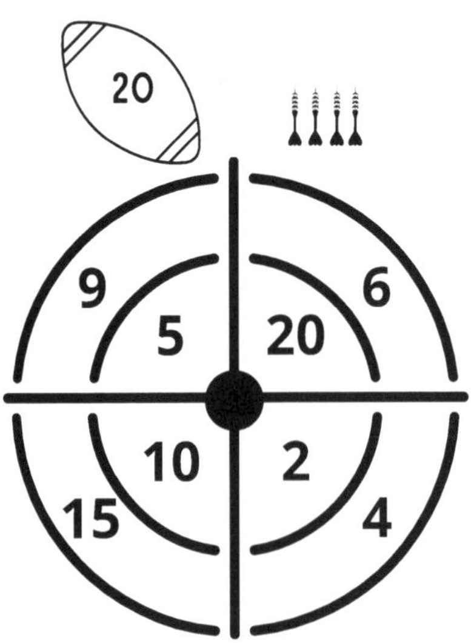

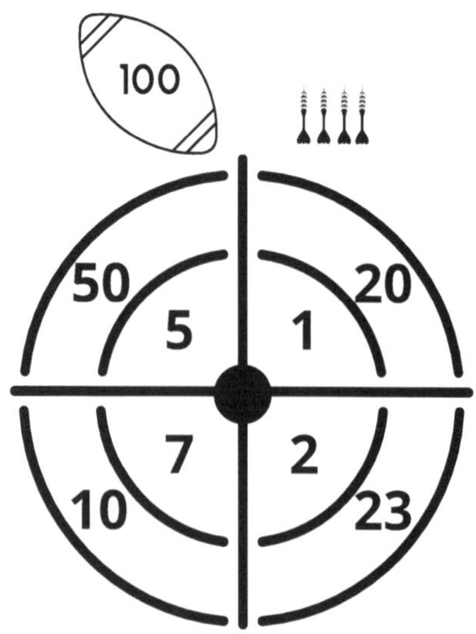

DECIFRA LA PAROLA

DECODIFICA IL CODICE MORSE
E SCRIVI LA PAROLA CORRISPONDENTE

21)

.__.   :-   ---

SOLUZIONE: ____________________

22)

--   -.-   --

SOLUZIONE: ____________________

23)

__-   :-   ---   :-

SOLUZIONE: ____________________

24)

--_   :-   ---

SOLUZIONE: ____________________

25)

-_: --   ---   .-   .-.

SOLUZIONE: ____________________

A	--
B	-.
C	.-
D	..
E	:-
F	-:
G	:..
H	.-.
I	-..-
L	-.-
M	-_:
N	.__.
O	:-_
P	:-:
Q	.-_.
R	__-
S	--_
T	---
U	:.;:.
V	_-_
Z	_.-

4) CERCA LE PAROLE

N	F	V	A	T	C	T	L	N	V	E	Z	H	C	O
F	B	B	R	D	O	L	D	Z	G	W	H	R	I	N
X	E	P	G	R	C	O	A	A	I	A	O	G	T	X
E	D	P	N	M	A	X	C	S	N	S	G	E	E	W
Q	B	E	O	I	D	I	H	J	S	A	Z	F	L	B
T	O	R	O	D	T	A	P	B	T	I	T	L	X	M
A	G	C	Z	T	I	W	I	N	U	I	F	V	R	B
W	E	Q	A	X	M	O	A	L	D	I	V	I	Z	U
M	D	T	C	H	H	V	P	L	G	F	Q	N	C	C
S	D	Z	F	U	O	R	I	C	L	A	S	S	E	A
E	G	A	W	L	W	Q	U	F	G	H	D	D	I	J
Q	V	O	U	P	A	R	E	G	G	I	O	E	X	D
V	J	U	M	U	R	N	M	R	B	A	O	H	M	W
I	R	O	Q	W	I	N	L	U	P	C	M	F	Z	Z
G	S	P	I	F	C	G	A	T	L	O	X	A	V	N

PAREGGIO
TATTICA
FUORICLASSE
MEDAGLIA
PODIO

CROSS
CLASSIFICA
TORNEO
BUCA
VANTAGGIO

4) CRUCIVERBA

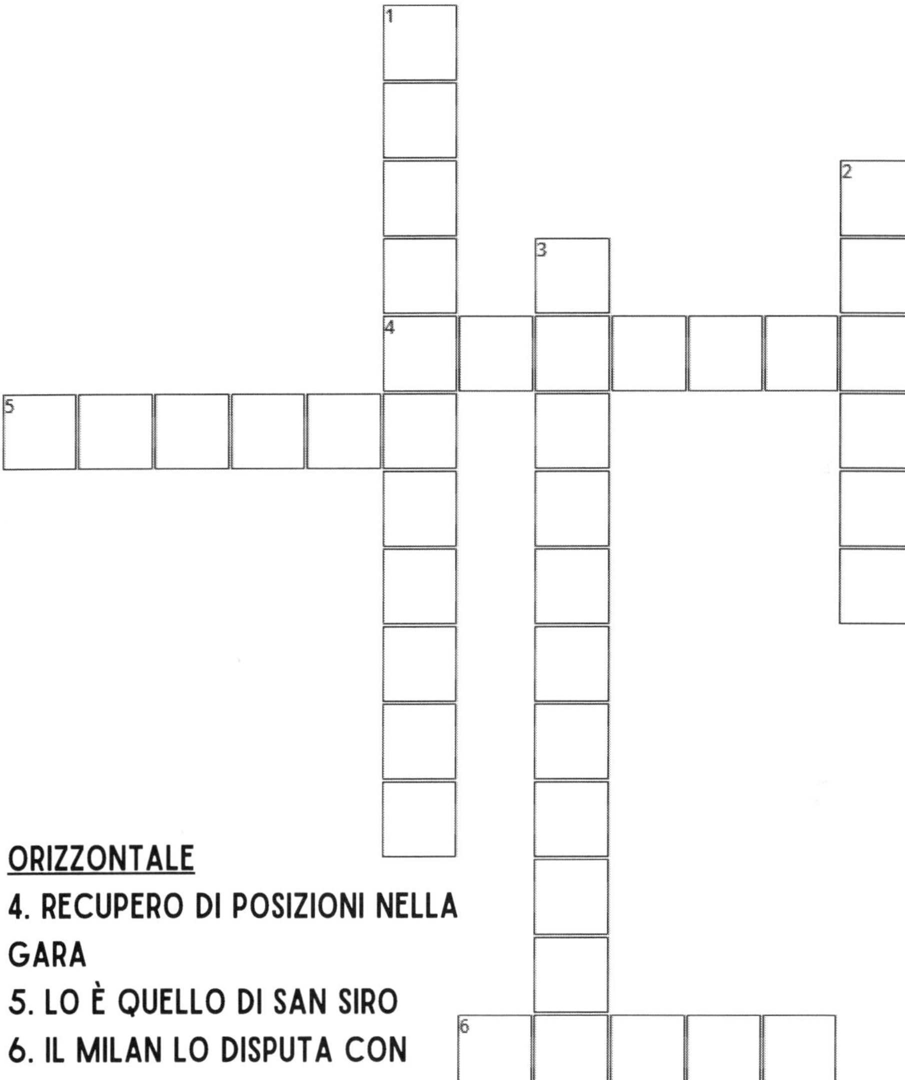

ORIZZONTALE

4. RECUPERO DI POSIZIONI NELLA GARA
5. LO È QUELLO DI SAN SIRO
6. IL MILAN LO DISPUTA CON L'INTER

VERTICALE

1. TATTICA CALCISTICA DI RAPIDO CONTRATTACCO
2. CARTELLINO CHE AMMONISCE
3. UN RICHIAMO DELL'ARBITRO

QUIZ

25) Quale nuotatore ha vinto il maggior numero di medaglie d'oro alle Olimpiadi?

- Michael Phelps ○
- Simone Biles ○
- Usain Bolt ○
- Katie Ledecky ○

26) In quale paese si sono svolti i primi Giochi Olimpici invernali nel 1924?

- Francia ○
- Stati Uniti ○
- Svizzera ○
- Italia ○

27) Qual è l'azione che consiste nel saltare e colpire il pallone sopra la rete per cercare di segnare un punto?

- Palleggio ○
- Muro ○
- Schiacciata ○
- Bagher ○

28) Qual è il nuotatore più decorato nella storia dei Campionati Mondiali di Nuoto?

- Michael Phelps ○
- Caeleb Dressel ○
- Ryan Lochte ○
- Ian Thorpe ○

29) Quale disciplina sciistica si svolge su una pista con curve inclinate e alte velocità?

- Slalom gigante ○
- Super-G ○
- Slalom speciale ○
- Discesa libera ○

30) Quale stile di nuoto si caratterizza per il movimento delle gambe simile a quello di un delfino?

- Libero ○
- Farfalla ○
- Dorso ○
- Rana ○

CURIOSITÀ

SOFIA GOGGIA

Sofia Goggia è una sciatrice alpina italiana di grande talento. È nata il 15 novembre 1992 a Bergamo. Fin da giovane, ha dimostrato una grande passione per lo sci e ha iniziato a gareggiare a livello agonistico sin dall'età di 7 anni. Goggia si è specializzata nelle discipline della discesa libera e del super-G, dimostrandosi una delle migliori atlete nel suo campo.

La carriera di Sofia Goggia ha conosciuto una rapida ascesa. Ha debuttato in Coppa del Mondo nel 2011 e ha ottenuto la sua prima vittoria nel 2017 nella discesa libera di Cortina d'Ampezzo. Da allora, ha continuato a raccogliere successi, vincendo numerose gare e salendo sul podio in diverse occasioni.

Il punto culminante della carriera di Goggia è arrivato alle Olimpiadi invernali del 2018 a Pyeongchang, in Corea del Sud. Qui ha conquistato la medaglia d'oro nella discesa libera, diventando la prima sciatrice italiana a vincere l'oro in questa disciplina olimpica.

5) COLLEGA LA PAROLA

COLLEGA IL RUOLO ALLO SPORT

SECONDA BASE	
CAPITANO	
RICEVITORE	CALCIO
ALA GRANDE	
ATTACANTE	BASKET
CENTRO	
LANCIATORE	BASEBALL
INTERBASE	
TERZINO	

TROVA GLI OGGETTI

PALESTRA

MUSCOLI ○	CORDA ○
BILANCERE ○	TAPPETINI ○
KETTLEBELL ○	PLANK ○

FRECCETTE

LANCIANDO 4 FRECCETTE RAGGIUNGI IL TOTALE INDICATO.
TIENI CONTO CHE PUOI COLPIRE PIÙ VOLTE LO STESSO VALORE.

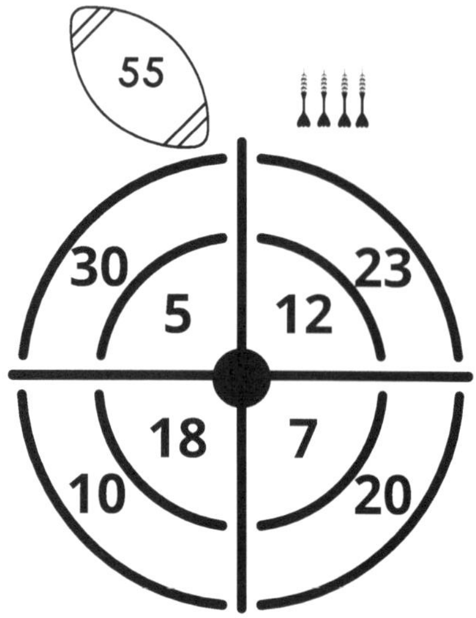

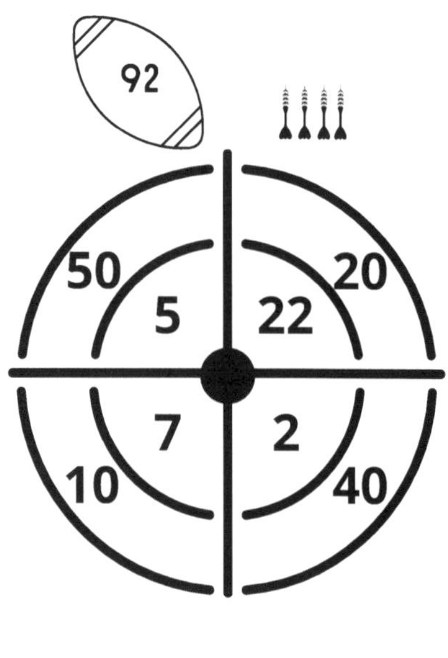

4) DISEGNO

PAROLE A TEMA

PER OGNI TERMINE GENERICO TROVA UNA SERIE DI PAROLE CORRELATE CHE INIZIANO CON CIASCUNA DELLE SUE LETTERE.

S ____________________

L ____________________

A ____________________

L ____________________

O ____________________

M ____________________

T ____________________

O ____________________

R ____________________

N ____________________

E ____________________

O ____________________

DECIFRA LA PAROLA

DECODIFICA IL CODICE MORSE
E SCRIVI LA PAROLA CORRISPONDENTE

26)

--- :.;:. -: -: :-_

SOLUZIONE: ____________________

27)

__- -- .__. --

SOLUZIONE: ____________________

28)

--_ --- -..- -.- :-

SOLUZIONE: ____________________

29)

.- :.;:. -: -: -..- --

SOLUZIONE: ____________________

30)

.__. :.;:. :-_ --- :-_

SOLUZIONE: ____________________

A	--
B	-.
C	.-
D	..
E	:-
F	-:
G	:.
H	.-.
I	-..-
L	-.-
M	-_:
N	.__.
O	:-_
P	:-:
Q	.-_.
R	__-
S	--_
T	---
U	:.;:.
V	_-_
Z	_.-

5) TROVA L'INTRUSO

CHI NON È AMERICANO?

LEBRON JAMES - SERGIO RAMOS - TOM BRADY - KOBE BRYANT - MICHAEL PHELPS

MICHAEL JORDAN - MIKE TYSON - TIGER WOODS - DAVID VILLA

MUHAMMAD ALÌ - FERNANDO HIERRO - CARMELO ANTHONY - JESSE RENICK

ROBERT LEWANDOWSKI -RYAN LOCHTE - KATIE LEDECKY - JENNY THOMPSON

MARK SPITZ - JIMMY CONNORS - MATTY CASH - JOHN ISNER - FRANCES TIAFOE

5) CERCA LE PAROLE

L	H	M	J	K	Q	R	X	W	L	Q	G	Q	W	D
Y	P	A	S	S	A	G	G	I	O	R	T	O	G	Q
Z	P	L	C	C	E	I	E	H	K	H	G	Y	P	Q
C	C	A	S	A	N	I	R	E	I	D	N	A	B	I
M	G	H	L	G	E	N	G	H	Y	D	W	F	A	X
A	N	M	E	L	C	R	V	Q	J	G	U	O	O	S
S	T	F	A	C	O	A	O	N	P	O	L	C	W	V
C	R	O	H	T	K	N	Z	G	R	N	C	H	H	Y
O	T	E	R	I	C	P	E	I	I	H	S	I	A	M
T	D	D	I	N	F	H	G	T	I	R	B	H	B	A
T	M	I	G	E	E	I	P	A	T	U	M	Z	I	T
E	P	G	S	A	O	O	L	O	B	O	E	G	N	H
B	X	G	M	C	M	I	H	E	I	Y	N	U	B	V
J	J	H	O	S	N	E	C	T	X	N	I	C	F	M
Y	X	M	C	I	I	W	Y	L	V	P	T	Q	G	S

TORNEO
MATCH POINT
GAME
PALLONETTO
BANDIERINA

FUORIGIOCO
RIGORE
PASSAGGIO
MASCOTTE
OCCHIALINI

5) CRUCIVERBA

ORIZZONTALE

4. UNO STILE DEL NUOTO
5. SI SPICCA DAL TRAMPOLINO
6. COLPO PIAZZATO QUANDO LA PALLA VIENE COLPITA ALLA SINISTRA DEL GIOCATORE

VERTICALE

1. CHI VINCE
2. COPRICAPO
3. INCIDENTE

QUIZ

31) Quante sostituzioni possono essere effettuate durante una partita di calcio?

2 ○ 4 ○

3 ○ 5 ○

32) Qual è la dimensione regolamentare di un campo da calcio?

80 metri x 40 metri ○ 100 metri x 50 metri ○

90 metri x 45 metri ○ 110 metri x 60 metri ○

33) Quale punizione viene assegnata quando un difensore commette un fallo all'interno della propria area di rigore?

Calcio di punizione ○ Calcio di rigore ○

Calcio d'angolo ○ Rimessa laterale ○

34) Quanti cartellini gialli deve ricevere un giocatore prima di essere espulso dalla partita?

1 ○ 3 ○

2 ○ 4 ○

35) Qual è l'altezza regolamentare di una porta da calcio?

2 metri ○ 3 metri ○

2,5 metri ○ 3,5 metri ○

36) Quale posizione deve assumere un calciatore che esegue un calcio di punizione diretto verso la porta avversaria?

Dentro l'area di rigore ○ Sul dischetto del calcio di rigore ○

Fuori dall'area di rigore ○ Nella sua metà campo ○

CURIOSITÀ

RAFAEL NADAL

Fin da giovane, Nadal ha mostrato un talento eccezionale per il tennis. Ha iniziato a giocare all'età di 4 anni e ha presto dimostrato di essere un vero prodigio del tennis. Ha vinto il suo primo torneo professionistico all'età di 15 anni ed è diventato professionista nel 2001.

La carriera di Nadal è stata caratterizzata da numerosi successi. Ciò che distingue Nadal è la sua straordinaria forza mentale e la sua capacità di lottare fino all'ultimo punto. È conosciuto per la sua intensità e il suo spirito combattivo in campo, che lo ha reso un avversario temibile per molti avversari nel corso degli anni.

Rafael Nadal è indubbiamente uno dei più grandi tennisti di tutti i tempi, ma è anche un modello di ispirazione per la sua determinazione, il suo spirito combattivo e la sua umiltà. Il suo contributo al tennis e alla storia dello sport è davvero straordinario.

FRECCETTE

LANCIANDO 4 FRECCETTE RAGGIUNGI IL TOTALE INDICATO.
TIENI CONTO CHE PUOI COLPIRE PIÙ VOLTE LO STESSO VALORE.

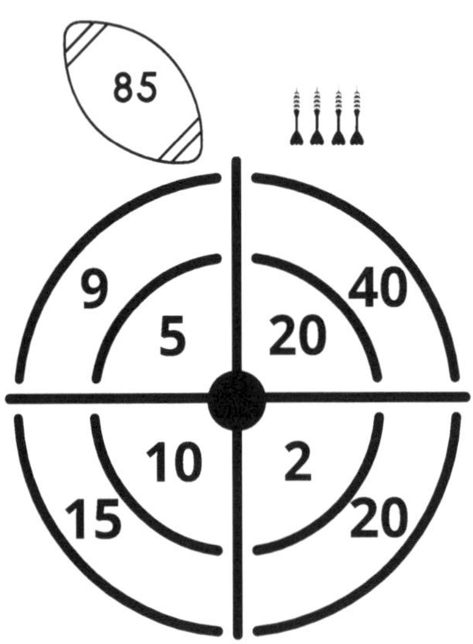

6) COLLEGA LA PAROLA

COLLEGA IL TERMINE ALLO SPORT

CUCCHIAIO

DUGOUT

TRIPLA

CALCIO

DRIBBLING

TOPSPIN

BASKET

RIGORE

BASEBALL

TERZO TEMPO

PALLA FOUL

CROSS

TROVA GLI OGGETTI

RUGBY

- SQUADRA ○
- PALLA ○
- FISCHIETTO ○
- CASCO ○
- CAMPO ○
- PORTA ○

PAROLE A TEMA

PER OGNI TERMINE GENERICO TROVA UNA SERIE DI PAROLE CORRELATE CHE INIZIANO CON CIASCUNA DELLE SUE LETTERE.

M ______________________

E ______________________

T ______________________

A ______________________

M ______________________

E ______________________

D ______________________

A ______________________

G ______________________

L ______________________

I ______________________

A ______________________

FRECCETTE

LANCIANDO 4 FRECCETTE RAGGIUNGI IL TOTALE INDICATO.
TIENI CONTO CHE PUOI COLPIRE PIÙ VOLTE LO STESSO VALORE.

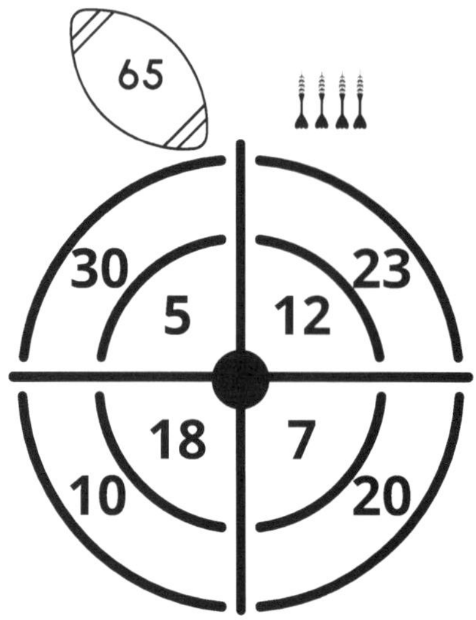

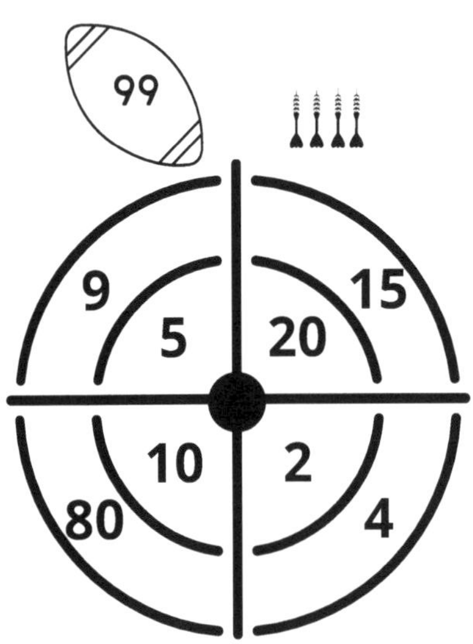

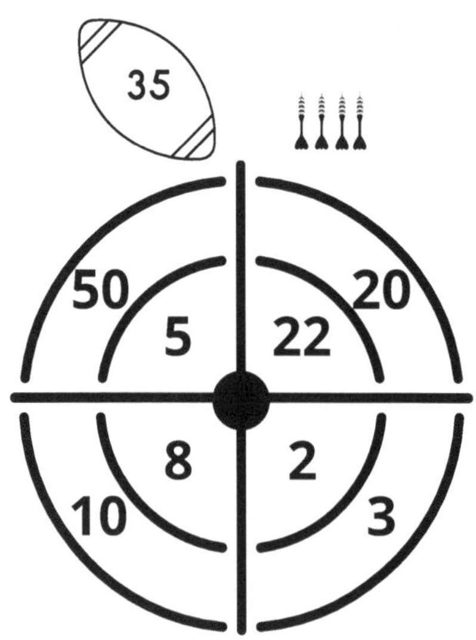

DECIFRA LA PAROLA

DECODIFICA IL CODICE MORSE E SCRIVI LA PAROLA CORRISPONDENTE

31)

; :-_ -.- -:

SOLUZIONE: ____________________

32)

-_: -- _.- _.- --

SOLUZIONE: ____________________

33)

.- -- -_: :-: :-_

SOLUZIONE: ____________________

34)

-. :.,:. .- --

SOLUZIONE: ____________________

35)

-- --_ --- --

SOLUZIONE: ____________________

A	--
B	-.
C	.-
D	..
E	:-
F	-:
G	;
H	.-.
I	-..-
L	-.-
M	-_:
N	.__.
O	:-_
P	:-:
Q	.-_.
R	__-
S	--_
T	---
U	:.,:.
V	_-_
Z	_.-

6) CERCA LE PAROLE

R	A	M	L	C	R	X	L	I	G	R	X	X	M	D
N	L	C	X	F	G	M	W	Z	H	Z	K	C	D	D
F	L	N	O	D	W	Z	E	Q	G	G	V	O	Q	W
B	E	I	E	N	N	S	D	R	O	W	R	A	O	E
P	N	M	M	W	T	X	N	L	O	T	U	T	X	S
I	A	Y	J	I	D	R	F	N	S	G	I	D	C	C
N	T	T	M	P	S	C	O	E	G	R	I	H	M	K
W	O	V	A	T	A	T	N	P	O	V	I	R	N	D
D	R	M	A	R	K	A	E	O	I	A	J	X	D	V
H	E	G	O	B	C	H	Q	R	C	E	V	W	H	A
A	S	Y	R	L	T	K	T	C	A	L	D	V	S	K
B	C	X	C	O	L	B	I	T	O	T	R	E	A	S
K	N	R	B	W	F	A	D	G	K	O	F	H	O	A
Z	E	V	Z	O	T	X	F	H	B	I	B	U	C	K
Q	X	X	B	A	A	T	O	Y	D	P	I	T	C	T

GOLF CAR
RIGORE
CONTROPIEDE
DIFESA
CANESTRO
ALLENATORE
MISTER
TIRO
SCHIACCIATA
FALLO

6) CRUCIVERBA

<u>ORIZZONTALE</u>

2. ATTREZZO PER SOLLEVARE PESI
4. NELL'ATLETICA PUÒ ESSERLO DEL DISCO
6. DOVE DEVE ANDARE LA PALLINA NEL GOLF

<u>VERTICALE</u>

1. GIOCATORE CHE MARCA UN AVVERSARIO
3. IL BASTONE NEL BASEBALL
5. COMPETIZIONE TRA VELOCISTI

CURIOSITÀ

CRISTIANO RONALDO

Cristiano Ronaldo è considerato uno dei migliori calciatori di tutti i tempi.

Soprannominato CR7 a causa del numero di maglia che lo ha contraddistinto per gran parte della sua carriera, è il marcatore più prolifico nella storia del calcio, nonché il detentore dei primati di presenze e di reti nelle nazionali di calcio. Rientra nella cerchia dei calciatori con almeno 1000 presenze in carriera, nella quale risulta essere l'attaccante con il maggior numero di apparizioni.

È comparso ininterrottamente nella classifica del Pallone d'oro dal 2004, vincendolo per cinque volte, e ha ottenuto quattro Scarpe d'oro.

Per cinque volte si è aggiudicato anche il premio come migliore giocatore al mondo FIFA e per quattro volte quello come miglior giocatore UEFA.

7) COLLEGA LA PAROLA

COLLEGA LO SPORTIVO ALLO SPORT

ROBERTO BAGGIO	
KOBE BRYANT	
	CALCIO
ROGER FEDERER	
	TENNIS
LORENZO BERNARDI	
RAFAEL NADAL	BASKET
LUCA DOTTO	
	PALLAVOLO
FRANCESCO TOTTI	
	NUOTO
KAREEM ABDUL-JABBAR	
FILIPPO MAGNINI	

TROVA GLI OGGETTI

GOLF

BANDIERINA ○	MAZZA ○
PALLINA ○	GUANTO ○
BUCA ○	GOLF CAR ○

PAROLE A TEMA

PER OGNI TERMINE GENERICO TROVA UNA SERIE DI PAROLE CORRELATE CHE INIZIANO CON CIASCUNA DELLE SUE LETTERE.

N ______________________________

U ______________________________

O ______________________________

T ______________________________

O ______________________________

P ______________________________

A ______________________________

L ______________________________

E ______________________________

S ______________________________

T ______________________________

R ______________________________

A ______________________________

7) CERCA LE PAROLE

P	K	A	A	T	C	E	I	B	C	W	X	D	E	I
Y	M	F	P	O	Z	L	A	B	M	I	R	O	O	C
N	F	C	L	C	Q	J	U	P	W	L	N	E	K	U
K	A	O	D	R	I	B	B	L	I	N	G	S	D	O
A	U	N	T	I	R	O	L	I	B	E	R	O	U	E
U	L	T	M	S	Z	T	I	M	E	O	U	T	P	V
R	A	A	D	C	H	M	S	J	D	O	T	L	F	D
X	M	T	R	O	H	L	Y	T	S	A	W	O	I	Z
Q	F	T	D	N	W	V	F	S	B	T	O	D	E	N
T	Z	O	B	T	V	M	E	E	D	N	D	G	Y	L
X	U	Q	B	R	C	S	L	Y	E	I	X	E	M	Y
G	R	X	F	O	S	L	B	H	H	F	Z	Y	V	M
B	Z	T	V	O	O	V	A	X	X	Z	D	Z	E	P
U	H	I	P	N	F	E	R	O	T	A	C	R	A	M
A	B	L	E	E	C	A	R	M	T	V	R	O	R	A

RIMBALZO
DRIBBLING
TIMEOUT
TABELLONE
TIRO LIBERO

CONTATTO
POSSESSO
MARCATORE
FINTA
SCONTRO

7) CRUCIVERBA

<u>ORIZZONTALE</u>

2. LA PALLACANESTRO NEGLI USA
3. VIENE ANCHE DETTO VOLLEY
4. DISCIPLINA SPORTIVA CHE NECESSITA DI VENTO
6. BICILETTA... PIÙ CORTA

<u>VERTICALE</u>

1. LO USANO I PUGILI E I PORTIERI
5. LO È LA GINNASTICA DI JURI CHECHI

FRECCETTE

LANCIANDO 4 FRECCETTE RAGGIUNGI IL TOTALE INDICATO.
TIENI CONTO CHE PUOI COLPIRE PIÙ VOLTE LO STESSO VALORE.

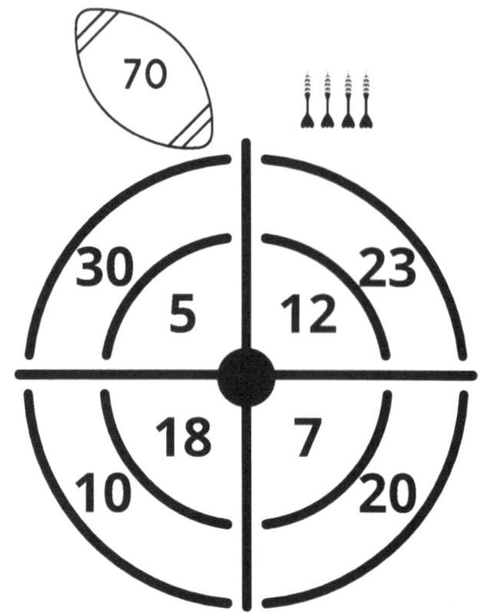

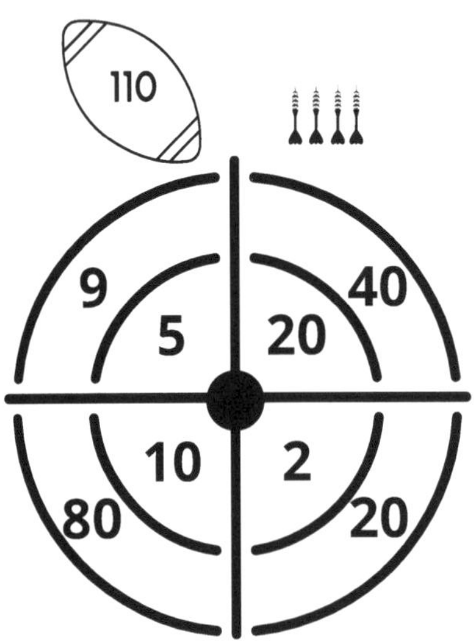

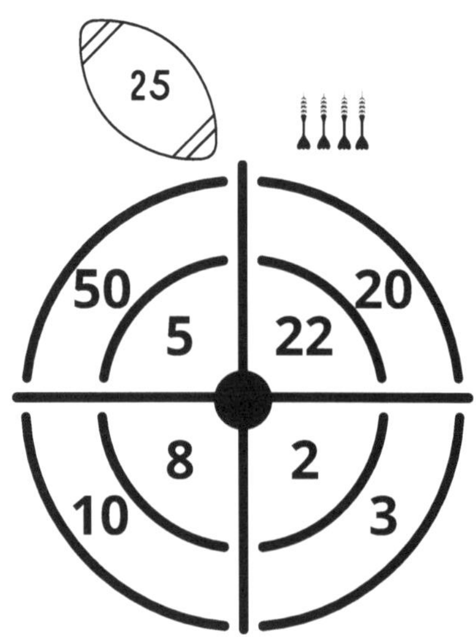

8) CERCA LE PAROLE

J	M	D	S	F	H	F	A	R	F	A	L	L	A	C
Z	B	A	S	T	I	C	G	H	D	N	B	K	N	J
R	A	I	K	A	I	S	Y	C	H	W	F	Q	G	A
V	A	F	L	O	D	L	C	X	P	B	V	S	U	T
R	C	R	R	A	L	D	E	H	O	V	U	T	P	A
U	J	N	U	W	N	H	O	L	I	O	O	H	S	P
E	E	K	D	F	C	C	T	M	I	O	S	D	L	P
G	W	V	P	E	S	I	I	M	I	B	S	G	W	E
Y	Z	C	O	X	E	Z	U	E	F	N	E	J	W	T
F	Y	P	T	F	B	O	T	O	R	X	A	R	W	I
I	X	H	E	S	K	T	G	M	Z	E	X	L	O	N
S	K	C	U	L	T	U	R	I	S	M	O	N	I	O
J	I	S	Q	U	A	T	O	X	M	A	J	B	E	U
R	E	O	M	R	Y	G	K	F	H	L	H	H	N	S
C	U	M	F	P	W	O	U	R	V	Q	Y	W	E	E

STILE LIBERO
FARFALLA
FISCHIO
BILANCIERE

TAPPETINO
PESI
SQUAT
ADDOMINALI
CULTURISMO

8) CRUCIVERBA

ORIZZONTALE

1. LO ERA LO SPORT DI MARCO PANTANI
4. LO SPORT DELLA PELLEGRINI
6. PROTEZIONE PER IL CAPO

VERTICALE

2. SI INDOSSA IN SPIAGGIA
3. IL SERVIZIO DEL TENNISTA
5. NEL PING PONG È SENZA BUCHI

5) DISEGNO

CURIOSITÀ

MATTEO BERRETTINI

Matteo Berrettini, nato il 12 aprile 1996 a Roma, è un tennista italiano di grande talento. Ha iniziato a giocare a tennis da giovane e ha rapidamente mostrato il suo potenziale nel mondo dello sport. Berrettini ha un servizio formidabile e un colpo di diritto potente, che gli consente di dominare il campo.

La sua carriera ha registrato diversi successi significativi.

Nel gennaio 2022 ha raggiunto la sesta posizione della classifica mondiale, il secondo miglior piazzamento ottenuto da un italiano dal 1973.

È il solo giocatore italiano ad aver disputato la finale del torneo di Wimbledon e la semifinale degli Australian Open, nonché la semifinale degli US Open sul cemento. Inoltre, insieme a Sinner, è l'unico tennista del proprio paese ad aver raggiunto almeno i quarti di finale di tutte le prove del Grande Slam.

8) COLLEGA LA PAROLA

COLLEGA LO SPORTIVO ALLO SPORT

NOVAK DJOKOVIC	
IVAN ZAYTSEV	
	CALCIO
GIANLUIGI BUFFON	
	TENNIS
BILL RUSSEL	
GIORGIO CHIELLINI	BASKET
GABRIELE DETTI	
	PALLAVOLO
SIMONE GIANNELLI	
	NUOTO
DANIIL MEDVEDEV	
FRANCESCA CRISTETTI	

SOLUZIONI

CERCA LE PAROLE

1)

											D			
											I			
											F			
											E			
A		P			O					O	N			
L		A				T			N		S			
L		L					A	I			O	E		
E		L					L	N	A		R			
N		O				L		R	O	O	E			
A		N			E	C	B		T	I	L			
T		E		T		I	A	A		A	P			
O			R		T		C	L	O			M		
R		A		R		O		G	C				A	
E	C		O		I					I				C
				G							O			

2)

	C	A			H	S	A	M	S					
		E	B								O			E
		A	N	B							I			T
		T		T	O						Z			E
		I			R	N					I			R
		T				O	A				V			
		R					C	M			R			
		A				C		A	E		E			
		P					O		M	N	S			
								P		P	T			
									P		I	O		
				T	I	F	O	S	O	A		S		
													T	
					E	R	E	I	T	R	O	P		A

3)

				A	T	T	E	H	C	C	A	R		
														O
													I	
P												C		
U	E										S			
N	D	R	A	O	B	W	O	N	S	E	G			
T	O		O						V	U			S	
E	T			T				O	A			C		C
G	T				A		R	N			O			A
G	E					C	T			N				N
I	D					O	O		F					E
O	U				N			I						S
	C			I			T		G					T
	S					T								R
					A	P	I	S	C	I	N	A		O

4)

					C	T							C	O
					O	L						R	I	
				R			A	A			O	G		
		P	N				C	S		S	G			
		E	O			I			S	A				
	O			D	T	A			T	I				
				T	I		I	N			F			B
			A			O	A	L				I		U
		T				V			G				C	C
			F	U	O	R	I	C	L	A	S	S	E	A
											D			
				P	A	R	E	G	G	I	O	E		
													M	

5)

	P	A	S	S	A	G	G	I	O					
	P													
		A		A	N	I	R	E	I	D	N	A	B	
M			L		E							F		
A		M		L		R					U		O	
S	T		A		O		O			O		C		
C		O		T		N		G	R		C			
O			R		C		E	I	I	H				
T				N		H	G	T	I	R				
T			G		E	I	P	A	T					
E				A	O	O	L	O		O				
				C	M	I			I					
			O		N	E				N				
				I							T			

6)

	A													
	L	C												
	L		O				E			G		O		
	E			N				R	O		R			
	N		M		T			L	O	T		T		S
	A			I		R	F		S	G	I		C	
	T				S	C	O	E		R	I	H		
	O				A	T	N	P	O		I	R		
	R			R		A	E		I	A				
	E		O		C			R	C	E				A
				L				C			D		S	
					L		I					E		
						A					F			
					T		F			I				
				A					D					

7)

				O	Z	L	A	B	M	I	R			
		C												
		O	D	R	I	B	B	L	I	N	G			
		N	T	I	R	O	L	I	B	E	R	O		
		T		S		T	I	M	E	O	U	T		
		A		C						O	T			
		T		O					S	A				
		T		N				S	B	T				
		O		T			E	E		N				
				R		S	L			I				
				O	S	L				F				
				O	O									
			P	N		E	R	O	T	A	C	R	A	M
			E											

8)

		S	F		F	A	R	F	A	L	L	A	
B			T	I									
	I		A	I	S								
		L		D	L	C							T
			A		D	E	H						A
				N		O	L	I					P
					C		M	I	O				P
		P	E	S	I	I		I	B				E
							E		N	E			T
								R		A	R		I
									E		L	O	N
	C	U	L	T	U	R	I	S	M	O		I	O
	S	Q	U	A	T								

CRUCIVERBA

1)

2)

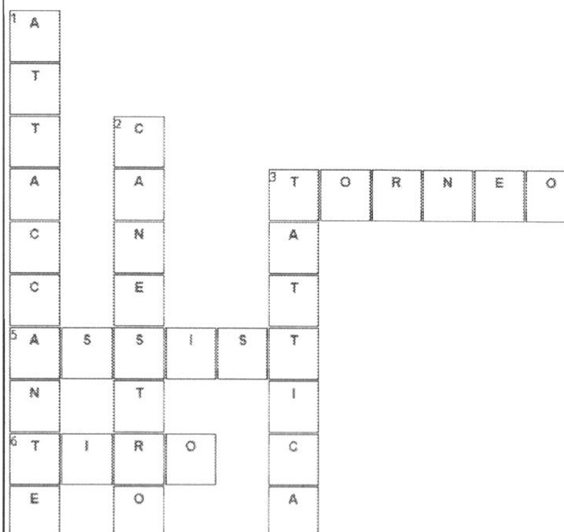

3)

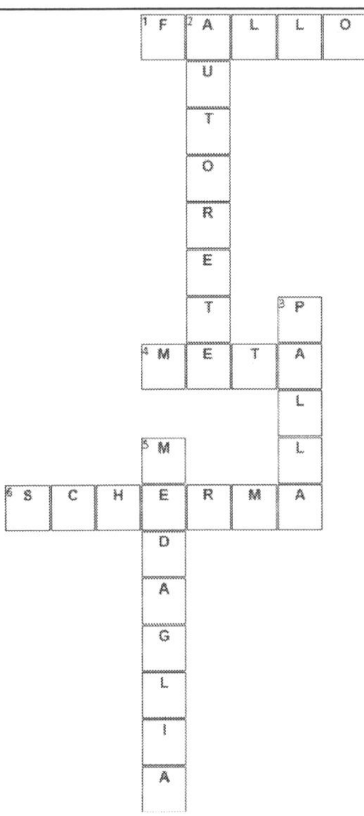

4)

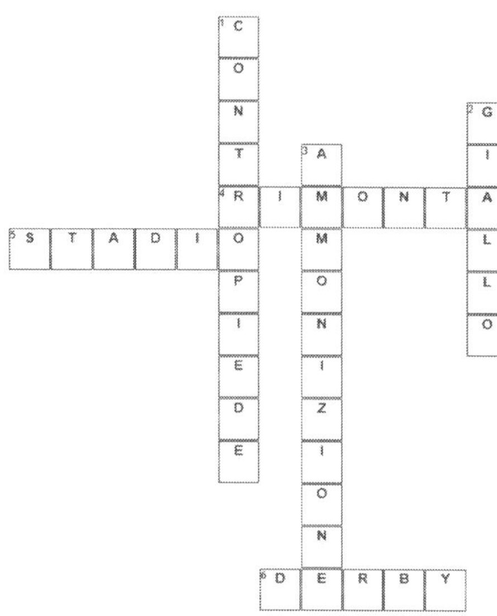

5)

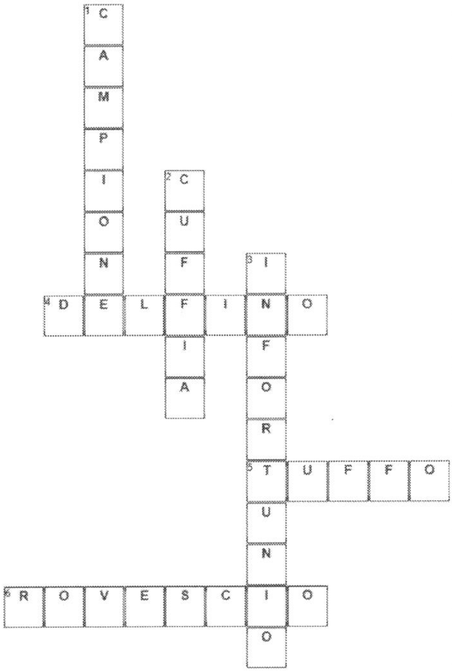
1 CAMPIONE
2 CUFFIA
3 INFORTUNIO
4 DELFINO
5 TUFFO
6 ROVESCIO

6)

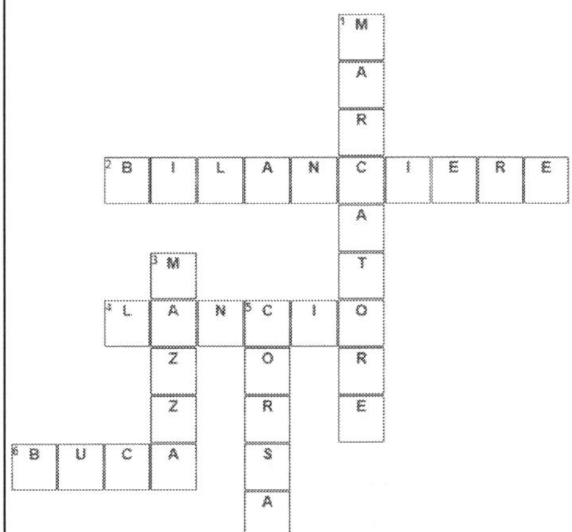
1 MARCATORE
2 BILANCIERE
3 MAZZA
4 LANCIO
5 CORSA
6 BUCA

7)

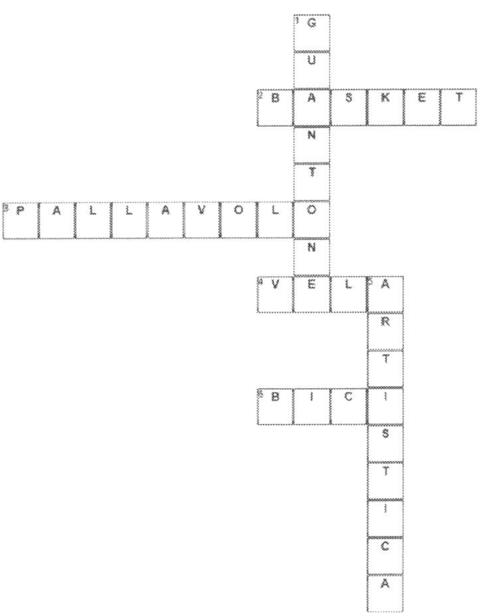
1 GUANTONE
2 BASKET
3 PALLAVOLO
4 VELA
5 ARTISTICA
6 BICI

8)

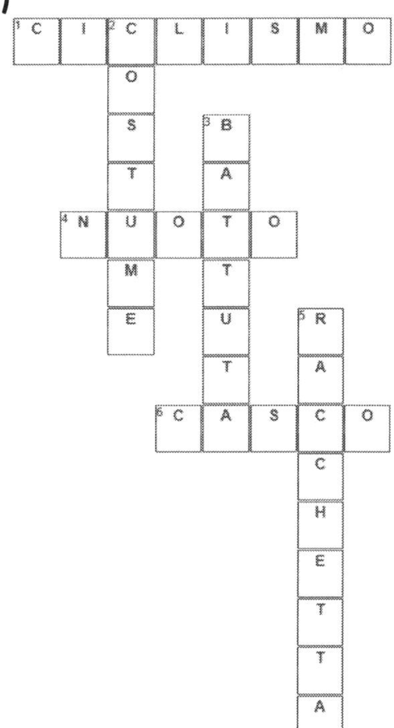
1 CICLISMO
2 COSTUME
3 BATTUTA
4 NUOTO
5 RACCHETTA
6 CASCO

DIVIDI PER CATEGORIE

1) CALCIO: CHIESA - ZANIOLO - MESSI - NEYMAR
TENNIS: FEDERER - NADAL - AGASSI - WILLIAMS
PALLAVOLO: ZAYTSEV - GARDINI - RUIZ - PAPI

2) SERIE A: MILAN - NAPOLI - ROMA - INTER
SERIE B: COSENZA - FROSINONE - CAGLIARI - PARMA
SERIE C: FOGGIA - VICENZA - PADOVA - TORRES

3) DANZA: BOLLE - FRACCI - GUILLEM - ABBAGNATO
BASKET: JAMES - JORDAN - BIRD - BRYANT
BASEBALL: COBB - AARON - RUTH - MUSIAL

4) BASEBALL: NEW YORK YANKEES - LOS ANGELES DODGERS - BOSTON RED SOX - CHICAGO WHITE SOX
FOOTBALL: PHILADELPHIA EAGLES - CHICAGO BEARS - BUFFALO BILLS - DETROIT LIONS
BASKET: CHICAGO BULLS - TORONTO RAPTORS - MIAMI HEAT - DETROIT PISTONS

5) NUOTO: PELLEGRINI - DOTTO - OTTO - SPITZ
SCII: COLÒ - MILLER - KOSTNER -NIERLICH
GOLF: WOODS - NICKLAUS- PALMER - MICKELSON

DECIFRA LA PAROLA

1. CAMPO
2. RIGORE
3. CANESTRO
4. PUNTO
5. META
6. BASE
7. CICLO
8. PALLA
9. GIOCO
10. LANCIO
11. GOAL
12. ASSIST
13. CURVA
14. TEMPO
15. FALLO
16. FINTA
17. MISTER
18. PUNTA
19. ACE
20. MURO
21. NET
22. ALA
23. RETE
24. SET
25. MATCH
26. TUFFO
27. RANA
28. STILE
29. CUFFIA
30. NUOTO
31. GOLF
32. MAZZA
33. CAMPO
34. BUCA
35. ASTA

TROVA L'INTRUSO

1)
- ROBERTO BAGGIO
- GIANNI RIVERA
- RUUD GULLIT
- MARCO VAN BASTEN
- FRANCO BARESI

2)
- LIONEL MESSI
- PELÈ
- JAN OBLAK
- JIMMY CONNORS
- BEN SHELTON

3)
- LORENZO BERNARDI
- MATEUSZ MIKA
- RICARDO LUCARELLI
- ANDREA GARDINI
- SAMUELE PAPI

4)
- ADRIANO PANATTA
- FABIO FOGNINI
- LASSE KJUS
- BODE MILLER
- ROGER FEDERER

5)
- SERGIO RAMOS
- DAVID VILLA
- FERNANDO HIERRO
- ROBERT LEWANDOWSKI
- MATTY CASH

COLLEGA LA PAROLA

1) <u>CALCIO</u>: PAOLO MALDINI - ANDREA PIRLO
<u>TENNIS</u>: SERENA WILLIAMS - JANNIK SINNER
<u>BASKET</u>: MAGIC JOHNSON - LARRY BIRD
<u>PALLAVOLO</u>: ANDREA LUCCHETTA - MATEUSZ MIKA
<u>NUOTO</u>: GREGORIO PALTRINIERI

2) <u>BASKET</u>: PLAYMAKER - GUARDIA - ALA PICCOLA
<u>CALCIO</u>: PORTIERE - DIFENSORE - CENTROCAMPISTA
<u>BASEBALL</u>: PRIMA BASE - BATTITORE - TERZA BASE

3) <u>BASKET</u>: CESTISTA - TIRO LIBERO - CANESTRO
<u>CALCIO</u>: CARAMBOLA - GOAL - BOMBER
<u>BASEBALL</u>: BASE - BATTUTA - CORRIDORE

4) <u>CALCIO</u>: CRISTIANO RONALDO - FILIPPO INZAGHI
<u>TENNIS</u>: ADRIANO PANATTA - MATTEO BERRETTINI
<u>BASKET</u>: LEBRON JAMES - MICHAEL JORDAN
<u>PALLAVOLO</u>: FACUNDO CONTE - ANDREA GIANI
<u>NUOTO</u>: FEDERICA PELLEGRINI

5) <u>BASKET</u>: ALA GRANDE - CENTRO
<u>CALCIO</u>: CAPITANO - ATTACCANTE - TERZINO
<u>BASEBALL</u>: LANCIATORE - RICEVITORE - SECONDA BASE - INTERBASE

6) <u>BASKET</u>: TRIPLA - TERZO TEMPO
<u>CALCIO</u>: CROSS - CUCCHIAIO - DRIBBLING - RIGORE
<u>BASEBALL</u>: DUGOUT - TOPSPIN - PALLA FOUL

7) <u>CALCIO</u>: ROBERTO BAGGIO - FRANCESCO TOTTI
<u>TENNIS</u>: ROGER FEDERER - RAFAEL NADAL
<u>BASKET</u>: KOBE BRYANT - KAREEM ABDUL-JABBAR
<u>PALLAVOLO</u>: LORENZO BERNARDI
<u>NUOTO</u>: LUCA DOTTO - FILIPPO MAGNINI

8) <u>CALCIO</u>: GIANLUIGI BUFFON - GIORGIO CHIELLINI
<u>TENNIS</u>: NOVAK DJOKOVIC - DANIIL MEDVEDEV
<u>BASKET</u>: BILL RUSSEL
<u>PALLAVOLO</u>: IVAN ZAYTSEV - SIMONE GIANNELLI
<u>NUOTO</u>: GABRIELE DETTI - FRANCESCA CRISTETTI

QUIZ

1. CRISTIANO RONALDO
2. BRASILE
3. 11
4. CARLO ANCELOTTI
5. JUVENTUS
6. 1930
7. MANCHESTER UNITED
8. LIONEL MESSI
9. PELÉ
10. ITALIA
11. BAYERN MONACO
12. REAL MADRID
13. 6
14. 2,43 METRI
15. COMBINATA ALPINA
16. CAMPIONATI MONDIALI DI NUOTO
17. 4
18. BRASILE
19. DITO
20. 25
21. INGEMAR STENMARK
22. STILE DORSO
23. 46.86 SECONDI
24. SCI
25. MICHAEL PHELPS
26. FRANCIA
27. SCHIACCIATA
28. MICHAEL PHELPS
29. DISCESA LIBERA
30. STILE FARFALLA
31. 5 SOSTITUZIONI
32. 90 METRI X 45 METRI
33. CALCIO DI RIGORE
34. 2
35. 2 METRI
36. FUORI DALL'AREA DI RIGORE

COGNIFUN LAB È UN PROGETTO EDITORIALE MADE IN ITALY SPECIALIZZATO IN PUBBLICAZIONI PER BAMBINI, SVILUPPATO IN COLLABORAZIONE CON ESPERTI DEL SETTORE PER FORNIRE INFORMAZIONI DI QUALITÀ.

QUESTO PROGETTO NASCE DALL'ESIGENZA DI UNIRE L'APPRENDIMENTO IN ETÀ INFANTILE CON IL DIVERTIMENTO.

LA COLLANA EDITORIALE DEDICATA AGLI ARGOMENTI PIÙ AMATI DAI BAMBINI QUALI ANIMALI, DINOSAURI, CALCIO, SPAZIO E MOLTO ALTRO SI RIVOLGE A CHIUNQUE ABBIA UN(A) FIGLIO(A) IN ETÀ SCOLARE.

LA SODDISFAZIONE PIÙ GRANDE DI TUTTE SARÀ VEDERE IL PROPRIO BAMBINO DIVERTIRSI MENTRE LEGGE E IMPARA TANTE COSE UTILI DA UN BUON LIBRO E LONTANO DA UNO SCHERMO. NON CREDI?

SICURAMENTE LA TECNOLOGIA È UN MODO FACILE PER DISTRARLO E STIMOLARE LA SUA CREATIVITÀ, MA NON È SEMPRE LA SCELTA MIGLIORE.

SAI COS'È ANCORA PIÙ BELLO?
CHE TUTTO QUESTO LO AIUTERÀ AD OTTENERE QUELLE CAPACITÀ MENTALI E LOGICHE CHE GLI SERVIRANNO A SCUOLA PER TENERE L'ATTENZIONE SUI LIBRI E SULLO STUDIO!

LA VALIDITÀ DELLE INFORMAZIONI DI OGNI PUBBLICAZIONE È AVVALORATA DALLA POSSIBILITÀ DI POTER CONTARE SULLA COLLABORAZIONE DI PROFESSIONISTI CERTIFICATI IN AMBITO ISTRUTTIVO E PEDAGOGICO CHE RUOTANO INTORNO A 'COGNIFUN LAB'.

UN TEAM DI STRAORDINARIO VALORE CHE CONTINUA A FORMARSI GIORNO DOPO GIORNO.

AFFIDABILITÀ, PASSIONE E CURA NEI DETTAGLI E CIÒ CHE TROVERAI ALL'INTERNO COGNIFUN LAB.

"LA COSA IMPORTANTE NON È TANTO CHE AD OGNI BAMBINO DEBBA ESSERE INSEGNATO, QUANTO CHE AD OGNI BAMBINO DEBBA ESSERE DATO IL DESIDERIO DI IMPARARE.

-JOHN LUBBOCK-